LA PARISIENNE

FRENCH BAKERY

Recettes incontournables de la pâtisserie française
Essential French Pastry Recipes

LA PARISIENNE

FRENCH BAKERY

Recettes incontournables de la pâtisserie française
Essential French Pastry Recipes

PATRICK, CHRISTINE ET ÉLISE MORIN

Photographies
Julie Limont

Rédaction
Laurent Rondeau, Sylvie Joseph-Julien
et Corinne Préteur

À nos parents,
enfants
et petits-enfants

To our parents,
children,
and grandchildren

SOMMAIRE
TABLE OF CONTENTS

PRÉFACE

L'année 2014 a changé ma vie à jamais.

Je me revois, moi, une Parisienne de 17 ans, prête à poursuivre le rêve de ses parents... qui est finalement devenu le sien !

Les premiers mois étaient excitants parce que tout était nouveau. Je me souviens d'avoir ouvert la boulangerie pour la première fois avec ma mère et d'avoir compté mes pourboires à la fin de la journée ; je me souviens de mon premier jour à la fac... Mes yeux brillaient, tout me paraissait mieux ici ; les gens étaient accueillants. J'étais une jeune fille prête à continuer sa vie aux États-Unis et à atteindre de nouveaux objectifs.

Après quelques années, mon rôle dans l'entreprise familiale est devenu plus important, non pas parce que mes parents voulaient que je travaille avec eux, mais parce qu'il me semblait normal, pour moi, d'aider. C'est ce qu'ils m'ont toujours appris : aider, c'est prendre soin des autres. Être présent les uns pour les autres est important, surtout dans une grande famille comme la nôtre et quand on a une entreprise. Je les ai aidés à embaucher de nouveaux employés, trouver de nouveaux contrats, répondre aux courriels et bien plus encore. C'est important pour moi de les aider et de les soutenir dans leur succès.

L'année dernière a été difficile, de différentes manières, mais notre détermination nous a aidés à surmonter cela. Les échecs ne nous ont jamais arrêtés, mais nous ont rendus plus forts. Aujourd'hui, je continue à aider mes parents tout en allant à l'université de Washington. Je sais pourquoi je me lève le matin : pour rendre mes parents fiers de ce qu'on peut accomplir ensemble.

Voir mon papa se réveiller très tôt le matin m'a d'ailleurs toujours stupéfaite et voir ma maman parler aux clients avec aisance m'a toujours fascinée. Leur force en tant que couple et entrepreneurs m'a toujours émerveillée. Nous n'avons jamais été aussi soudés qu'aujourd'hui. Ils sont mes modèles et je serai toujours leur plus grande fan. Cette aventure m'a rendue, nous a rendus, plus forts — ensemble nous pouvons faire encore plus. Je crois en nous tout autant que je crois en notre entreprise.

Le temps passe vite : sept années se sont écoulées depuis notre arrivée, et je suis extrêmement fière de ce que nous avons accompli jusqu'ici en tant qu'entrepreneurs. Je compte bien continuer à aider mes parents dans leur succès.

E. M.
Seattle, le 1er mars 2021

PREFACE

In 2014, my life changed forever.

I remember when I was a 17-year-old Parisian girl, ready to follow my parents' dream... a dream that also became my own!

The first few months were exciting because everything was new. I remember opening the bakery for the first time with my mother, counting my tips at the end of the day, my first day of college... My eyes were bright, everything looked better here, and people were so welcoming. I was a teenager ready to pursue my life in the United States and accomplish new goals.

After a few of years, my role in the family business became more important, not because my parents wanted me to work with them, but because it seemed normal to me to help them. They have always taught me that helping is caring. Being present for one another is important, especially in a big family like ours and when you run a business. I helped them hire additional employees, find new vendors, respond to emails, and much more. It is important to me to help them and to support them in their success.

This past year was challenging in many ways, but our determination helped us overcome the challenges. Failure has never stopped us before and in fact has made us stronger. Today, I continue to help my parents while I attend the University of Washington. I know why I wake up every morning: to make my parents proud of what we can accomplish together.

Seeing my dad get up early every morning has always amazed me, and seeing my mom talking so easily to customers has always fascinated me. I am in awe of their strength as a couple and as entrepreneurs. They are my role models, and I will always be their biggest fan. This adventure has made me, us, stronger, and together we can do even more. I believe in us as much as I believe in our company.

But how time flies: seven years have passed, and I am extremely proud of what we've accomplished so far as a family business. I look forward to helping my parents in their success.

E. M.
Seattle, March 1, 2021

INTRODUCTION

La Parisienne ? Un mythe. Une source d'inspiration pour les créateurs et les artistes. Une icône du chic et de l'éternel féminin qui aujourd'hui encore fait rêver le monde entier.

À Seattle, ville phare du nord-ouest américain, l'évocation de « La Parisienne » renvoie à une autre idée de la France tout aussi inspiratrice et sophistiquée. Il s'agit ici d'une pâtisserie située dans le quartier de Belltown, connue et reconnue qui est devenue en quelques années le symbole local de cette idée de l'élégance et de l'exception française, de cette qualité presque naturelle digne des plus grands maîtres pâtissiers de France. Découvrez ces joyaux alignés dans des vitrines modernes et élégantes, dégustez des yeux ces délices présentés comme des bijoux, puis laissez-vous aller en vous délectant d'une des pâtisseries raffinées de Patrick Morin. La Parisienne est aujourd'hui l'ambassadrice de la pâtisserie française accessible dans une autre partie du monde. Un bijou que l'on a envie de garder jalousement secret.

Alors on s'interroge : comment cette perle est-elle née à cette extrémité des États-Unis, terre des pionniers et chercheurs d'or de la fin du XIXe siècle, porte vers l'océan pacifique et berceau de multinationales florissantes des XXe et XXIe siècles ?

Tout a commencé en France, dans la région des Pays de la Loire. Patrick est né au Mans. Tout jeune, il partage avec son père la passion de la pâtisserie et de la cuisine. Chaque dimanche matin, ils préparent ensemble le déjeuner dominical, moment convivial qui rassemble toute la famille autour de plats mijotés. Son père, de formation initiale de boulanger, transmet à son fils les techniques et les recettes. Les souvenirs sont ancrés dans la mémoire de Patrick. Celui-ci se remémore le fameux chausson aux pommes traditionnel, sa viennoiserie préférée confectionnée avec son père. Il revoit les gestes, sent les odeurs, se souvient des saveurs. Pour lui, la pâtisserie devient alors synonyme de plaisir, de partage, de convivialité et d'accomplissement, et le reste encore aujourd'hui.

La Parisienne? A myth. A source of inspiration for creators and artists. An icon of glamour and femininity, which, to this day, continues to inspire the world.

In Seattle, the Pacific Northwest's flagship city, the mention of "La Parisienne" refers to another idea of France, one just as inspiring and sophisticated. It is a pastry shop located in the Belltown neighborhood, which, in just a few years, has grown in reputation and has become a local symbol of France's distinctive elegance, an almost natural quality worthy of the greatest French master pastry chefs. Come discover these gems lined up in modern and elegant display cases, enjoy these delights presented as jewels, and indulge in one of Patrick Morin's refined pastries. La Parisienne is now the ambassador of French pastries, accessible at the other end of the world. It's a jewel we'd like to keep for ourselves as a closely guarded secret.

But how did this gem come to be, on this side of the United States, a land of pioneers and gold prospectors of the late nineteenth century, a portal to the Pacific Ocean and a cradle of flourishing multinational companies of the twentieth and twenty-first centuries?

It all started in France, in the Pays de la Loire region. Patrick Morin was born in Le Mans. When he was young, his father shared his passion for cooking and baking with him. Together, every Sunday morning, they prepared Sunday lunch, a convivial gathering that brought the entire family together around the dining table. His father, initially trained as a baker, passed down techniques, and recipes to his son. These memories are seared into Patrick's brain. He remembers baking the traditional apple turnover (chausson aux pommes), his favorite pastry, with his father. He can picture the gestures and can remember the aromas and the flavors. For Patrick, pastries became synonymous with pleasure, sharing, conviviality, and fulfillment, and they still have that meaning today.

Patrick poursuit son rêve.

Il commence sa formation en cuisine puis se spécialise en pâtisserie. Il entre en apprentissage au Mans et s'imagine déjà exporter son savoir-faire grandissant. L'Australie le fait rêver. Une rencontre va le retenir au Mans une vingtaine d'années et dans l'Hexagone encore plus longtemps.

Ils auraient d'ailleurs pu se rencontrer bien plus tôt, puisque Christine habitait dans le quartier où Patrick travaillait. Pourtant, ça n'est pas à la pâtisserie qu'ils font connaissance. Mais, à partir du moment où c'est arrivé, Christine et Patrick ne se sont plus quittés. Christine a rapidement abandonné son propre métier pour suivre la passion de son mari. Ils se marient et ensemble ils reprennent une pâtisserie-salon de thé au Mans, la Princesse de Clèves : Patrick à la pâtisserie et à la création, Christine à la boutique. Le commerce prospère et la famille s'agrandit en parallèle avec l'arrivée de Noémie, Chloé, Valentin et Élise.

L'aventure ne s'arrête pas là ! Une partie de la famille monte à la capitale. À Paris, Christine et Patrick, suivis d'Élise, reprennent une nouvelle pâtisserie, le Grenier à Pain, et la développe avec succès. Avec la rencontre de Corinne Préteur, fondatrice de Lifestyle Vacations qui organise des tours culinaires en France, Patrick et Christine ajoutent une nouvelle corde à leur arc : l'organisation d'ateliers de pâtisserie pour des clients américains.

Les enfants grandissent. Comme dans de nombreuses familles d'artisans, ceux-ci sont fréquemment sollicités à la boutique ou au laboratoire. La famille Morin ne fait pas exception si bien que tous sont partie prenante dans cette affaire. Par ailleurs, l'attirance de l'étranger ne s'est pas éteinte dans l'esprit de Patrick ; elle a même été alimentée par l'accueil de ces clients américains de plus en plus nombreux au sein de la boutique parisienne. Il rêve toujours d'exporter son savoir-faire vers un ailleurs indéfini. Et il n'est plus seul à en rêver.

Finalement Patrick, Christine et Élise, la petite dernière de la fratrie, se lancent et prennent leur envol pour les États-Unis d'Amérique avec un projet dans leur valise. La concrétisation de celui-ci n'est pas si facile sur une terre où tout est à apprendre pour cette famille d'aventuriers.

Cependant, leur passion et leur ténacité vont leur permettre d'ouvrir cette fameuse pâtisserie, La Parisienne, le 20 janvier 2014. C'est une nouvelle étape difficile et ils sont sur tous les fronts. Rapidement les rôles de chacun s'adaptent naturellement en fonction de leurs compétences respectives : Patrick est tout à sa passion, la

Patrick continued to pursue his dream.

He began his culinary training and decided to specialize in pastry. He started an apprenticeship in Le Mans and began imagining exporting his expertise, dreaming of Australia. But a certain encounter kept him in Le Mans for some twenty years, and in France even longer.

They could have met much earlier, as Christine used to live in the neighborhood where Patrick worked. But they didn't meet there. Nevertheless, from the moment they laid eyes on each other, Christine and Patrick were inseparable. Christine soon left her own career to follow her husband's passion. After getting married, they purchased the Princess of Clèves, a pastry shop/tea room in Le Mans, with Patrick as baker and creator, and Christine as shopkeeper. As their business prospered, their family grew, with the births of Noémie, Chloé, Valentin, and Élise.

They continued on their journey, moving to Paris, where Christine and Patrick, with Élise in tow, took over another bakery, the Grenier à Pain, which also prospered. Thanks to Corinne Préteur, founder of Lifestyle Vacations, which organizes culinary tours in France, Patrick and Christine added another string to their bow: the organization of pastry-making workshops for American tourists.

As the children got older, they were often asked, as in many families of artisans, to help out in the shop or in the kitchen. But Patrick hadn't stopped dreaming of opening a bakery abroad—a dream that took on more importance as he continued to hold workshops for an increasing number of American customers. He had never let go of his longing, his dream to export his expertise to an as-yet-undefined foreign land. And he no longer was the only one to have that dream.

Finally, Patrick and Christine, along with their youngest, Élise, took a leap of faith and took off for the United States with a project in their suitcase. For this family of adventurers, the realization of their dream didn't prove to be easy in a country where everything was foreign to them.

Nonetheless, their passion and tenacity enabled them to open their now-famous bakery, La Parisienne, on January 20, 2014. They were then faced with new challenges and were front and center in all aspects of the business. They naturally fell into their respective roles according to their skills:

pâtisserie, Christine excelle à l'accueil de cette nouvelle clientèle américaine et devient l'âme de La Parisienne, et Élise démontre rapidement ses qualités entrepreneuriales. Le commerce, Élise est tombée dedans quand elle était petite. Comme ses frères et sœurs, elle était souvent présente à la boutique, aidait, observait. Cette immersion précoce a fait d'elle la jeune femme active et audacieuse que l'on peut croiser à La Parisienne. De ses parents, elle a incontestablement hérité la valeur du travail. Mais au-delà de son expérience familiale et de cette réussite professionnelle, Élise est un réel exemple du rêve américain.

Ce livre est finalement une nouvelle étape dans cette « success story » qui va continuer encore longtemps. Patrick, Christine et Élise ont voulu partager avec tous les fans des pâtisseries de La Parisienne un morceau de leur aventure. Pour cela, quoi de mieux qu'un livre de pâtisserie agrémenté de recettes toutes aussi délicieuses les unes que les autres et de photos appétissantes, autant de jalons dans leur histoire ?

Régalez-vous !

Patrick stayed true to his passion as pastry chef, Christine excelled at welcoming their new American clientele and became La Parisienne's soul, and Élise quickly showed an entrepreneurial streak. Élise was born into the business. Like her siblings, she was often present at the bakery, lending a hand and observing. This early immersion has helped shape her into the active and daring young woman she is today and who can be seen at La Parisienne. From her parents, she undeniably inherited the value of work. But beyond her family's experience and professional success, Élise exemplifies the American dream.

This book marks a new step in their success story, which will continue for years to come. Patrick, Christine, and Élise wanted to share a slice of their journey with all the fans of La Parisienne's French pastries. To that end, what better way than a recipe book filled with delicious pastries and enticing pictures, which mark the many milestones in their history?

Enjoy!

GÂTEAUX DE VOYAGE

Canelés

Ingrédients (16 canelés)
- 50 cl de lait entier
- 25 g de beurre salé
- ½ gousse de vanille
- 1 œuf entier
- 2 jaunes d'œufs
- 250 g de sucre semoule
- 75 g de farine tout usage, tamisée
- 35 g de fécule de maïs
- 50 ml de rhum brun (facultatif)

Recette pas à pas
Dans une casserole, porter à ébullition le lait, le beurre et la ½ gousse de vanille. Dans un bol, fouetter l'œuf entier et les jaunes d'œufs avec le sucre. Ajouter la farine et la fécule de maïs tamisées.
Verser en trois fois le mélange de lait sur la préparation.
Ajouter le rhum brun (facultatif).
Couvrir la préparation et réserver au réfrigérateur pendant 24 heures.
Préchauffer le four à 190 °C.
Graisser les moules et les remplir.
Cuire 45 minutes.
Placer au réfrigérateur pendant 3 heures.
Démouler les canelés.

Ingredients (makes 16)
- 2 cups whole milk
- 2 tablespoons salted butter
- ½ vanilla bean
- 1 whole egg
- 2 egg yolks
- 1 cup granulated sugar
- ⅔ cup all-purpose flour, sifted
- 1 tablespoon cornstarch, sifted
- 1.7 oz dark rum (optional)

Step-by-Step Recipe
In a saucepan, bring the milk, the butter, and the ½ vanilla bean to a boil.
In a bowl, whisk the whole egg, egg yolks, and sugar.
Add the flour and cornstarch.
Pour in the milk mixture a third at a time, stirring after each addition.
Add the dark rum (optional).
Cover the mixture and refrigerate for 24 hours.
Preheat the oven to 375°F.
Grease the molds and fill them with the mixture.
Bake for 45 minutes.
Refrigerate for 3 hours.
Unmold the canelés.

Meringues à la vanille

Ingrédients (2 meringues)
- 4 blancs d'œufs
- 125 g de sucre semoule
- 10 ml de vanille liquide
- 125 g de sucre glace

Recette pas à pas
Préchauffer le four à 100 °C.
Mettre les blancs d'œufs et le sucre semoule à chauffer au bain-marie.
Mélanger régulièrement.
Atteindre une température de 40 °C.
Fouetter la préparation au batteur jusqu'à refroidissement pour obtenir des blancs d'œufs brillants et fermes.
Ajouter la vanille liquide.
Incorporer délicatement le sucre glace tamisé.
À l'aide d'une corne*, dresser deux grosses meringues sur une plaque recouverte d'un papier cuisson.
Cuire 2 heures.
Laisser refroidir à température ambiante.

Ingredients (makes 2)
- 4 egg whites
- ½ cup and 2 tablespoons granulated sugar
- 1 teaspoon vanilla extract
- 1 cup confectioners' sugar, sifted

Step-by-Step Recipe
Preheat the oven to 210°F.
Heat the egg whites and sugar in a double boiler.
Stir often until you reach a temperature of 100°F.
Beat the mixture until cooled and egg whites are glossy and stiff.
Add the vanilla extract.
Gently fold in the confectioners' sugar.
With a spatula, arrange 2 meringues on a baking sheet lined with parchment paper.
Bake for 2 hours.
Allow meringues to cool down to room temperature.

Madeleines

Ingrédients (20 madeleines)
- 180 g de beurre doux
- 6 œufs
- 250 g de sucre semoule
- 25 g de miel
- 250 g de farine tout usage, tamisée
- 15 g de levure chimique
- Zeste d'un citron

Recette pas à pas
Préchauffer le four à 190 °C.

Faire fondre le beurre et réserver à température ambiante.

Dans un bol, mélanger les œufs, le sucre et le miel.

Ajouter la farine et la levure chimique tamisées.

Ajouter le zeste de citron.

Incorporer le beurre fondu.

Couvrir le bol d'un film plastique.

Laisser reposer 24 heures au réfrigérateur.

Remplir les moules à madeleines beurrés.

Cuire dans un four à 190 °C pendant 12 minutes.

Ingredients (makes 20)
- ¾ cup unsalted butter
- 6 eggs
- 2 cups granulated sugar
- 1 tablespoon honey
- 2 cups all-purpose flour, sifted
- 1 tablespoon and 1 teaspoon baking powder, sifted
- Zest of 1 lemon

Step-by-Step Recipe
Preheat the oven to 375°F.

Melt the butter and set aside to cool to room temperature.

In a bowl, combine the eggs, sugar, and honey.

Add the flour and baking powder.

Add the lemon zest.

Stir in the melted butter and cover the bowl with plastic wrap.

Refrigerate for 24 hours.

Fill the greased madeleine pan.

Bake at 375°F for 12 minutes.

Financiers

Ingrédients (24 financiers)
- 135 g de beurre
- 12 blancs d'œufs
- 20 g de miel
- 10 g de vanille liquide
- 225 g de sucre glace
- 95 g de farine tout usage, tamisée
- 3 g de levure chimique
- 90 g de poudre d'amande

Décoration
- 5 g de fruits secs

Recette pas à pas
Préchauffer le four à 170 ºC.
Dans une casserole, faire fondre le beurre jusqu'à ce qu'il blondisse (beurre noisette).
Réserver à température ambiante.
Dans un bol, verser les blancs d'œufs, le miel et la vanille liquide.
Incorporer le sucre glace, la farine et la levure chimique tamisés, ainsi que la poudre d'amande.
Ajouter le beurre noisette.
Réserver au réfrigérateur 24 heures.
Remplir les moules à financiers.
Disposer les fruits secs sur le dessus.
Cuire à 170 °C pendant 15 minutes.

Ingredients (makes 24)
- ⅔ cup butter
- 12 egg whites
- 1 tablespoon honey
- 2½ teaspoons vanilla extract
- 2 cups confectioners' sugar, sifted
- ¾ cup all-purpose flour, sifted
- 1 tablespoon baking powder, sifted
- 1 cup almond powder

Decoration
- 1 cup dried fruit

Step-by-Step Recipe
Preheat the oven to 330°F.
In a saucepan, melt butter until golden brown with a nutty smell.
Set aside at room temperature.
In a bowl, combine the egg whites, honey, and vanilla extract.
Stir in the confectioners' sugar, flour, and baking powder, as well as the almond powder.
Add the melted butter.
Refrigerate for 24 hours.
Fill the financier moulds and decorate with the dried fruit.
Bake at 330°F for 15 minutes.

Moelleux au chocolat

Ingrédients (10 moelleux)
- 180 g de beurre doux
- 175 g de chocolat noir (60% minimum)
- 3 œufs
- 210 g de sucre semoule
- 80 g de farine tout usage, tamisée
- Pincée de sel

Recette pas à pas

Préchauffer le four à 170 °C.

Faire fondre le beurre et le chocolat au bain-marie.

Dans un bol, battre les œufs avec le sucre semoule.

Incorporer au beurre et au chocolat fondus.

Ajouter le sel puis la farine tamisée.

Mélanger jusqu'à obtenir une texture homogène.

Garnir les moules graissés.

Cuire à 170 °C pendant 20 minutes.

Ingredients (makes 10)
- ¾ cup unsalted butter
- 6 oz dark chocolate (60% at least)
- 3 eggs
- 1 cup granulated sugar
- ⅔ cup all-purpose flour, sifted
- Pinch of salt

Step-by-Step Recipe

Preheat the oven to 330°F.

Melt the butter and chocolate in a double boiler.

In a bowl, beat the eggs with the sugar.

Stir into the melted butter and chocolate.

Add the salt and flour.

Mix until smooth.

Pour into greased moulds.

Bake at 330°F for 20 minutes.

Chouquettes

Ingrédients (45 chouquettes)
- 125 ml de lait entier
- 125 ml d'eau
- 100 g de beurre doux
- 5 g de sucre semoule
- Pincée de sel
- 150 g de farine tout usage, tamisée
- 4 œufs
- 100 g de sucre en grain

Recette pas à pas
Pâte à choux
Dans une casserole, mettre le lait, l'eau, le beurre, le sucre et le sel.
Porter à ébullition puis retirer la casserole du feu.
Ensuite, incorporer la farine tamisée.
Remettre la casserole sur feu moyen.
Remuer énergiquement pendant 30 secondes pour dessécher la pâte à choux.
Verser la pâte dans le bol du batteur.
Mélanger à vitesse moyenne avec la feuille du robot.
Ajouter les œufs un par un à la préparation.
Assemblage
Préchauffer le four à 180 °C.
Dresser la pâte à choux à l'aide d'une poche à douille en forme de rosace.
Parsemer de sucre grain.
Cuire à 180 °C pendant 25 minutes.

Ingredients (makes 45)
- 1 cup whole milk
- 1 cup water
- 1 stick unsalted butter
- 1¼ teaspoon granulated sugar
- Pinch of salt
- 1⅛ cup all-purpose flour, sifted
- 4 eggs
- ½ cup pearl sugar

Step-by-Step Recipe
Choux pastry
In a saucepan, bring the milk, water, butter, sugar, and salt to a boil, then remove the pan from the heat.
Stir in the flour.
Return the pan to the stove on medium heat.
Stir vigorously for 30 seconds to dry out the dough.
Pour the dough into the mixer bowl and mix at medium speed with the flat beater.
Add the eggs one at a time.
Assembly
Preheat the oven to 360°F.
Pipe evenly spaced mounds onto a parchment-lined sheet pan and sprinkle with pearl sugar.
Bake at 360°F for 25 minutes.

Tuiles

Ingrédients (10 tuiles)

- 2 blancs d'œufs
- 1 œuf entier
- 150 g de sucre glace
- 50 g de farine tout usage, tamisée
- 100 g d'amandes effilées
- 10 ml de vanille liquide

Recette pas à pas

Préchauffer le four à 180 °C.

Mélanger les blancs d'œufs et l'œuf entier.

Ajouter le sucre glace et la farine tamisés.

Incorporer délicatement les amandes effilées à la spatule.

Verser la vanille liquide.

Réserver pendant 24 heures au réfrigérateur.

Dresser la pâte à la petite cuillère (à ras) des petits tas espacés sur une plaque graissée.

Étaler en rond à l'aide d'une fourchette mouillée.

Cuire à 180 °C pendant 8 minutes.

Sortir du four et mettre directement sur un rouleau à pâtisserie pour former les tuiles. Laisser refroidir.

Ingredients (makes 10)

- 2 egg whites
- 1 whole egg
- 1½ cups confectioners' sugar, sifted
- ⅔ cup all-purpose flour, sifted
- 1 cup sliced almonds
- 1 teaspoon vanilla extract

Step-by-Step Recipe

Preheat the oven to 360°F.

Mix the egg whites and the whole egg.

Add the confectioners' sugar and flour.

Gently fold in the sliced almonds with a spatula.

Add the vanilla extract.

Refrigerate for 24 hours.

With a teaspoon, place small and evenly spaced piles of batter on a greased baking sheet.

Gently spread into circles with a wet fork.

Bake at 360°F for 8 minutes.

Remove from the oven and immediately drape the tuiles over a rolling pin to shape until cooled.

Cake d'automne

Ingrédients (8 personnes)
- 50 g de poudre d'amande
- 12 ml d'eau
- 200 g de sucre semoule
- 4 œufs
- 150 g de beurre doux
- 160 g de farine tout usage, tamisée
- 10 g de levure chimique
- 100 g de noix de pécan concassées

Sirop
- 50 ml d'eau
- 50 g de sucre semoule

Décoration
- 2 noix de pécan entières
- 6 pistaches brisées
- 2 bâtons de cannelle

Recette pas à pas
Dans un bol de batteur, mélanger la poudre d'amandes, l'eau et 50 g de sucre semoule pour obtenir une pâte d'amande crue.

Cuire à feu doux, en remuant régulièrement, 150 g de sucre semoule pour obtenir un caramel et décuire en ajoutant le beurre à température ambiante. Verser le caramel dans la pâte d'amandes crue. Mélanger le tout à vitesse moyenne. Incorporer les œufs un par un.

Ajouter la farine et la levure chimique tamisées, ainsi que les noix de pécan concassées.

Réserver 24 heures au réfrigérateur.

Préparer le moule à cake de 20 cm, le graisser et le garnir avec la préparation.

Cuire à 150 °C pendant 45 minutes.

Pendant la cuisson, préparer un sirop avec 50 ml d'eau et 50 g de sucre semoule et le faire chauffer jusqu'à ébullition.

Imbiber le cake de sirop à la sortie du four. Décorer à l'aide des noix de pécan, des pistaches et des bâtons de cannelle.

Ingredients (serves 8)
- ¼ cup almond powder
- 2½ teaspoons water
- 1 cup granulated sugar
- 4 eggs
- ¾ cup unsalted butter
- 1½ cups all-purpose flour, sifted
- 1 teaspoon baking powder, sifted
- ¾ cup chopped pecans

Syrup
- ½ cup water
- ¼ cup granulated sugar

Decoration
- 2 whole pecans
- 6 crushed pistachios
- 2 cinnamon sticks

Step-by-Step Recipe
In a mixing bowl, combine the almond powder, water, and ¼ cup of sugar to obtain a raw almond paste.

On low temperature, cook the remaining ¾ cup of sugar, stirring frequently until it caramelizes.

Slowly add the butter to lower the temperature.

Pour the caramel into the raw almond paste. Mix at medium speed.

Stir in the eggs one at a time.

Add the flour and baking powder, along with the ground pecans.

Refrigerate for 24 hours.

Pour the batter into a greased 9-inch loaf pan. Bake at 300°F for 45 minutes.

Soak with syrup right away. Decorate with the pecans, the crushed pistachios, and the cinnamon sticks.

VIENNOISERIES

Croissants

Ingrédients (15 croissants)
- 1,5 kg de farine tout usage, tamisée
- 235 g de sucre semoule
- 200 g de crème fraîche
- 540 ml d'eau froide
- 1 kg de beurre doux
- 30 g de sel fin
- 60 g de levure boulangère

Dorure
- 1 jaune d'oeuf
- 15 ml d'eau

Recette pas à pas
Pâte à croissant
Mélanger la farine tamisée, le sel, le sucre, l'eau froide et la crème fraîche dans le bol du batteur.

Ajouter la levure boulangère émiettée.

Mixer à l'aide du crochet pendant 10 minutes à vitesse lente.

Réserver dans un film plastique au réfrigérateur pendant 2 heures.

Passer à l'étape du tourage.

Étaler la pâte en forme de carré à l'aide d'un rouleau jusqu'à obtenir une épaisseur d'environ 1 cm.

Sortir le beurre du réfrigérateur, le taper afin d'obtenir un carré de la moitié du carré de pâte. Le placer au milieu du carré de pâte. Replier les bords de la pâte pour recouvrir entièrement le beurre comme une enveloppe.

Allonger la pâte et la plier en 3.

La couvrir d'un film plastique et laisser reposer 1 heure au réfrigérateur.

Répéter 2 fois le même procédé, en allongeant la pâte et la plier en 3 à chaque fois. La couvrir d'un film plastique et laisser reposer 1 heure au réfrigérateur entre chaque procédé.

Réserver la pâte pendant 24 heures au réfrigérateur.

Découpage des croissants
Étaler la pâte à croissant jusqu'à obtenir une épaisseur de 4 mm.

Découper en triangles de 100 g.

Rouler chaque triangle en forme de croissant, de la base à la pointe.

Couvrir les croissants crus d'un film plastique. Laisser monter la pâte à température ambiante pendant 2 heures.

Dans un bol, battre le jaune d'œuf et l'eau. En dorer les croissants. Préchauffer le four .

Cuire au four à 180 °C pendant 20 minutes.

Ingredients (makes 15)
- 10⅔ cups all-purpose flour, sifted
- 1 cup and 1 tablespoon granulated sugar
- 1 cup crème fraîche
- 2⅓ cups cold water
- 4½ cups unsalted butter
- 5 teaspoons salt
- 3½ packs compressed fresh baker's yeast

Egg wash
- 1 egg yolk
- 1 tablespoon water

Step-by-Step Recipe
Croissant Dough
Combine the flour, salt, sugar, cold water, and crème fraîche in the mixing bowl.

Add the compressed yeast.

Mix with a dough hook for 10 minutes at low speed.

Cover with plastic wrap and refrigerate for 2 hours.

Roll the dough out into a square with a thickness of 1 cm.

Take the butter out of the refrigerator and shape it into a square half the size of the dough square. Place the butter at the center of the dough.

Fold over each side of the dough to completely cover the butter like an envelope.

Roll out the dough and fold it in thirds.

Cover in plastic wrap and refrigerate for 1 hour.

Repeat this process 2 more times, rolling out the dough and folding it in thirds each time. Cover with plastic wrap and refrigerate for 1 hour between each repetition.

Finally, refrigerate for 24 hours.

Assembly
Roll out the dough to a thickness of 4 mm.

Cut triangles of 100 g (about 3.5 ounces).

Roll each triangle from bottom to top.

Cover the raw croissants with plastic wrap and let them rise at room temperature for 2 hours.

In a bowl, beat the egg yolk and water, and glaze the croissants with this egg wash.

Preheat the oven to 350°F.

Bake at 350°F for 20 minutes.

Palmiers

Ingrédients (8 palmiers)
Pâte feuilletée
- 375 g de farine tout usage, tamisée
- 150 ml d'eau froide
- Pincée de sel
- 100 g de beurre

Beurre manié
- 150 g de farine tout usage
- 400 g de beurre

Assemblage
- 150 g de sucre semoule

Recette pas à pas
Pâte feuilletée
Dans un bol de mixeur, mélanger la farine tamisée, l'eau froide, le sel et le beurre à l'aide du crochet pendant 7 minutes.
Réserver dans un film plastique au réfrigérateur pendant 24 heures.
Préparer le beurre manié en mélangeant les 150 g de farine tamisée et le beurre tempéré avec la feuille du robot pendant 5 minutes.
Réserver dans un film plastique pendant 24 heures au réfrigérateur.
Passer à l'étape du tourage. Étaler la pâte en carré jusqu'à 1 cm d'épaisseur à l'aide d'un rouleau.
Mettre le beurre manié en carré au milieu.
Replier les bords de la pâte pour recouvrir entièrement le beurre comme une enveloppe.
Allonger la pâte et la plier en 3.
Laisser reposer 1 heure au réfrigérateur.
Répéter 3 fois le même procédé. Laisser reposer 1 heure au réfrigérateur entre chaque procédé.
Laisser reposer dans un film plastique 24 heures au réfrigérateur.

Assemblage
Allonger la pâte en forme de rectangle d'une longueur de 24 cm avec du sucre semoule.
Marquer le milieu du rectangle.
Replier chaque côté de 6 cm vers le milieu.
Replier une seconde fois en deux vers le milieu. Superposer les 2 parties.
Couvrir d'un film plastique.
Réserver 1 heure au réfrigérateur.
Découper 8 bandes de 1 cm dans le sens de la largeur.
Rouler les palmiers dans le sucre.
Poser sur une plaque recouverte d'un papier cuisson.
Préchauffer le four à 180 °C. Cuire à 180 °C pendant 10 minutes. Retourner les palmiers.
Remettre au four environ 10 minutes.

Ingredients (makes 8)
Puff pastry
- 2⅓ cups all-purpose flour, sifted
- 1 cup cold water
- Pinch of salt
- ½ cup butter

Beurre manié
- 1 cup flour, sifted
- 2 cups butter at room temperature

Assembly
- ¾ cup granulated sugar

Step-by-Step Recipe
Puff pastry
Mix the flour, cold water, salt, and butter with a dough hook for 7 minutes.

Cover with plastic wrap and refrigerate for 24 hours.

Prepare the *beurre manié* (kneaded butter) by mixing 1 cup of flour and 2 cups of butter with the mixer's flat beater for 5 minutes.

Cover with plastic wrap and refrigerate for 24 hours.

Roll the dough out into a square.

Put the *beurre manié* in the middle.

Fold the edges of the dough to completely cover the butter.

Spread the dough and fold in thirds (1st round).

Refrigerate for 1 hour.

Repeat the same process 3 times.

Cover in plastic wrap and refrigerate for 24 hours.

Assembly
Spread the dough with the sugar into a 9-inch long rectangle.

Fold in each side by 2 inches, then fold in half.

Refrigerate for 1 hour.

Cut 8 strips crosswise of 1 cm each and roll each palmier in sugar.

Place on a baking sheet lined with baking paper.

Preheat the oven to 360°F.

Bake at 360°F for 10 minutes.

Turn over the palmiers and return to the oven for 10 more minutes.

Brioches

Ingrédients (7 brioches)
- 250 g de farine tout usage, tamisée
- 5 g de sel
- 20 g de sucre semoule
- 3 œufs
- 10 g de levure boulangère
- 125 g de beurre

Dorure
- 1 jaune d'œuf
- 15 ml eau

Recette pas à pas
Dans un bol, mélanger la farine tamisée, le sel, le sucre et les œufs à l'aide du crochet.
Ajouter la levure boulangère et mixer 5 minutes en vitesse lente. Pétrir 5 minutes en vitesse moyenne.
Réduire la vitesse puis ajouter le beurre tempéré coupé en morceaux.
Pétrir jusqu'à décollement de la pâte à brioche.
Réserver au réfrigérateur pendant 1 heure.
Rabattre la pâte et remettre au réfrigérateur pendant minimum 8 heures.
Détailler 7 morceaux de 75 g et les façonner en petites boules.
Graisser les moules à brioches individuels.
Déposer les brioches au centre du moule.
Recouvrir d'un plastique et laisser pousser à température ambiante pendant 1 heure et demie. Dorer le dessus des brioches.
Préchauffer le four à 175 ºC.
Enfourner 15 minutes dans un four à 175 ºC.

Ingredients (makes 7)
- 2 cups all-purpose flour, sifted
- ½ teaspoon salt
- 1½ tablespoons granulated sugar
- 3 eggs
- 2 tablespoons compressed fresh baker's yeast
- 1 stick unsalted butter at room temperature

Egg wash
- 1 egg yolk
- 1 tablespoon water

Step-by-Step Recipe
In a bowl, mix the flour, salt, sugar, and eggs with a dough hook.
Add the yeast.
Mix 5 minutes at low speed and 5 more minutes at medium speed.
Reduce the speed and add the butter cut into pieces.
Mix until the dough no longer sticks to the bowl.
Refrigerate for 1 hour.
Fold the dough in half several times and refrigerate for at least another 8 hours.
Shape into 7 even dough balls.
Grease the individual brioche molds and place the balls in the center of each mould.
Cover with plastic wrap and let them rise at room temperature for 1½ hours.
Glaze the brioches with the egg wash.
Preheat the oven to 350°F.
Bake for 15 minutes at 350°F.

Kouign-amann

Ingrédients (6 kouign-amann)
- Pâte à croissant
- 100 g de beurre pommade
- 100 g de sucre brun
- 1 œuf

Recette pas à pas
Préparer la pâte à croissant (voir recette page 34).

Rouler la pate jusqu'à obtenir un rectangle de 4 mm d'épaisseur par 25 cm de longeur et 10 cm de largeur.

Étaler le beurre pommade sur toute la surface de la pâte.

Saupoudrer de sucre brun.

Rouler la pâte dans le sens de la longueur et couper en 6 portions égales.

Graisser les moules à muffins et couvrir le fond de sucre brun.

Déposer les portions dans les moules à muffin.

Dorer chaque kouign-amann au pinceau avec l'œuf battu.

Préchauffer le four à 180 °C.

Cuire 30 minutes dans un four à 180 °C.

Démouler tiède.

Ingredients (makes 6)
- Croissant dough
- ½ cup unsalted butter, softened
- ½ cup packed brown sugar
- 1 egg

Step-by-Step Recipe
Make the croissant dough (see recipe page 36).

Roll out the dough into a 9-by-3 inch, 4 mm thick rectangle.

Spread the butter over the surface of the dough.

Sprinkle with brown sugar.

Roll the dough lengthwise from bottom to top and cut into 6 equal portions.

Grease a muffin pan and cover the bottom with brown sugar.

Place each portion in the pan.

Glaze the kouign-amann with the beaten egg.

Preheat the oven to 360°F.

Bake for 30 minutes at 360°F.

Remove from muffin pan while still warm.

Chaussons aux pommes

Ingrédients (12 chaussons)
- Pâte feuilletée

Compote de pommes
- 50 g de beurre doux
- 100 g de sucre semoule
- 30 ml d'eau
- 1 gousse de vanille
- 500 g de pommes pelées et coupées en dés

Sirop
- 25 ml d'eau
- 25 g de sucre semoule

Dorure
- 1 jaune d'œuf
- 15 ml d'eau

Recette pas à pas

Compote de pommes

Dans une casserole, faire fondre le beurre à feu doux, puis le sucre, l'eau et la vanille.

Ajouter les dés de pommes.

Couvrir et laisser cuire 15 à 20 minutes en remuant de temps en temps.

Réserver dans un récipient au réfrigérateur.

Sirop

Mettre l'eau et le sucre à ébullition.

Réserver au réfrigérateur.

Assemblage

Préparer la pâte feuilletée (voir recette des palmiers page 37).

Étaler la pâte sur un plan de travail fariné jusqu'à obtenir une épaisseur de 3 mm.

Détailler 12 disques de 13 cm de diamètre.

Étaler les disques à l'aide d'un rouleau à pâtisserie pour obtenir une forme ovale.

Avec un pinceau, mouiller les bords de chaque forme.

Garnir d'une cuillère à soupe de compote de pommes.

Replier et souder en appuyant légèrement la pâte.

Disposer sur une plaque à pâtisserie recouverte de papier de cuisson.

Dorer les chaussons.

Réserver au réfrigérateur pendant 1 heure.

Rayer à l'aide d'un couteau ou d'une lame.

Préchauffer le four à 190 °C.

Enfourner à 190 °C pendant 30 minutes.

À la sortie du four, napper les chaussons de sirop à l'aide d'un pinceau.

Ingredients (makes 12)
- Puff pastry

Applesauce
- ¼ cup unsalted butter
- ½ cup granulated sugar
- 2 tablespoons water
- 1 vanilla bean
- 3 cups apples, peeled and diced

Syrup
- ¼ cup water
- 2 tablespoons granulated sugar

Egg wash
- 1 egg yolk
- 1 tablespoon water

Step-by-Step Recipe

Applesauce
In a saucepan, melt the butter over low heat.
Add the sugar, water, and vanilla bean.
Add the diced apples.
Cover and cook for 15 to 20 minutes, stirring occasionally.
Keep in a container in the fridge.

Syrup
Bring water and sugar to a boil.
Refrigerate.

Assembly
Prepare the puff pastry (see page 38).
Roll out the dough onto a floured work surface until it's 3 mm thick.
Cut 12 circles with a 5-inch diameter.
Roll them out to form ovals.
With a brush, wet the edges of each oval.
Place a tablespoon of applesauce in the middle.
Fold in half, and seal the *chaussons* (turnovers) by lightly pressing the edges of the dough.
Arrange evenly on a parchment-lined baking sheet.
Glaze each turnover with the egg wash.
Refrigerate for an hour.
With a knife, slash the top of the turnovers.
Preheat the oven to 375°F.
Bake at 375°F for 30 minutes.
Take out of the oven and spread the syrup over the turnovers with a brush.

Parisiennes

Ingrédients (15 parisiennes)
- Pâte à croissant

Crème pâtissière au chocolat
- 250 ml de lait entier
- 4 jaunes d'œufs
- 6 g de sucre semoule
- 12 g de farine tout usage, tamisée
- 12 g de fécule de maïs
- 55 g de chocolat noir
- 200 g pépites de chocolat noir

Recette pas à pas

Préparer la pâte à croissant (voir recette page 34).

Crème pâtissière au chocolat

Dans une casserole, mettre le lait à bouillir.

Dans un bol, blanchir les jaunes d'œufs et le sucre a l'aide d'un fouet.

Ajouter la farine et la fécule de maïs tamisées.

Verser le lait sur le mélange.

Dans la casserole, cuire le tout jusqu'à ébullition pendant 1 minute.

Verser la crème pâtissière sur le chocolat en morceaux.

Mixer l'ensemble.

Couvrir avec un film plastique.

Réserver au réfrigérateur pendant 3 heures.

Assemblage

Étaler la pâte à croissant jusqu'à obtenir une bande de 30 cm x 5 cm.

Mettre une fine couche de crème pâtissière.

Disposer les pépites de chocolat sur la moitié basse de la bande.

Replier la partie haute vers le bas.

Diviser horizontalement cette bande en 15 parties égales.

Les tordre afin d'obtenir la forme de la parisienne.

Mettre sur une feuille de cuisson à pousser pendant 2 heures à température ambiante.

Préchauffer le four à 180 ºC.

Cuire à 180 °C pendant 20 minutes.

Laisser refroidir.

Ingredients (makes 15)

- Croissant dough

Chocolate Pastry cream

- 2 cups whole milk
- 4 egg yolks
- 1⅔ cups granulated sugar
- 3 tablespoons all-purpose flour, sifted
- 3 tablespoons cornstarch, sifted
- ½ cup dark chocolate, chopped
- 1 cup 2 tablespoons Chocolate chips

Step-by-Step Recipe

Prepare the croissant dough (see recipe page 36).

Chocolate pastry cream

In a saucepan, bring the milk to a boil.
In a bowl, whisk the egg yolks with the sugar until fluffy and pale.
Add the flour and the cornstarch.
Return to the saucepan and boil for 1 minute.
Pour the pastry cream onto the pieces of dark chocolate and stir to combine.
Cover with plastic wrap and refrigerate for 3 hours.

Assembly

Roll the croissant dough out into a 12-by-2 inch rectangle.
Spread a thin, even layer of pastry cream onto the dough.
Sprinkle chocolate chips over the bottom half.
Fold the dough in half lengthwise from top to bottom.
Cut horizontally into 15 even-sized strips.
Twist each strip once.
Put them on a baking sheet and allow to rise for 2 hours at room temperature.
Preheat the oven to 360°F.
Bake at 360°F for 20 minutes.
Let them cool down.

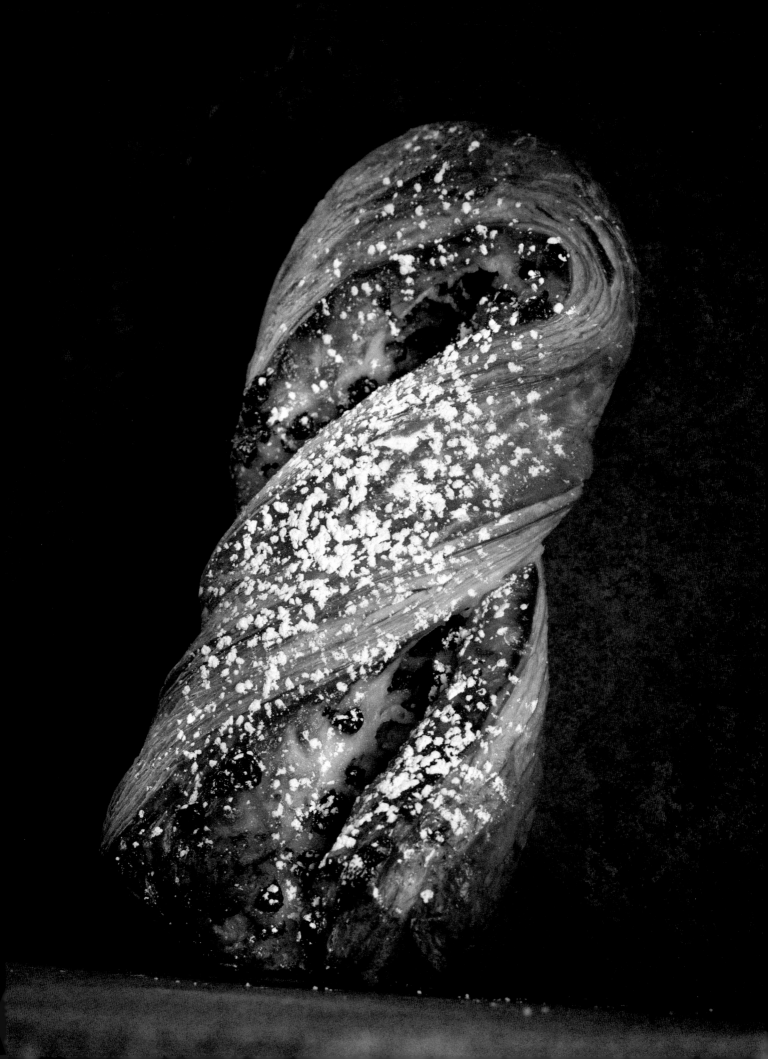

Pains au chocolat

Ingrédients (15 pains au chocolat)
- Pâte à croissant
- 30 barres de chocolat noir (60% minimum)

Dorure
- 1 jaune d'œuf
- 15 ml d'eau

Recette pas à pas
Préparer la pâte à croissant (recette page 34).

Assemblage
Étaler la pâte à croissant jusqu'à obtenir une épaisseur de 4 mm.

Détailler 15 rectangles de 9 cm x 12 cm.

Placer une première barre de chocolat sur le haut du rectangle. Replier la pâte dessus.

Mettre une seconde barre de chocolat.

Replier une seconde fois.

Pour finir, replier une troisième fois.

Souder le pain au chocolat en appuyant légèrement.

Disposer les pains au chocolat sur une plaque recouverte d'un papier de cuisson.

Recouvrir d'un film plastique.

Laisser pousser 1h30 à température ambiante.

Dorer les pains au chocolat avec un pinceau.

Préchauffer le four à 180 °C.

Cuire à 180 °C pendant 18 minutes.

Ingredients (makes 15)
- Croissant dough
- 30 dark chocolate sticks

Egg wash
- 1 egg yolk
- 1 tablespoon water

Step-by-Step Recipe
Prepare the croissant dough (see recipe page 36).

Assembly
Roll out the dough to a thickness of 4 mm.

Cut 15 rectangles of 3 x 5 inches.

Place a chocolate stick at the top edge of each rectangle.

Fold the dough over the chocolate stick.

Place a second chocolate stick and fold over once again.

To finish, fold over a third time.

Press the chocolate croissant gently to seal the edges.

Arrange the chocolate croissants on a baking sheet lined with parchment paper.

Cover with plastic wrap.

Allow to rise at room temperature for one and a half hours. Glaze each chocolate croissant with the egg wash.

Preheat the oven to 360°F.

Bake at 360°F for 18 minutes.

PÂTISSERIES

Tartelettes au chocolat

Ingrédients (8 tartelettes)
Pâte sucrée
- 1 œuf
- 40 g de poudre d'amande
- 5 g de sel fin
- 110 g de sucre glace
- 180 g de beurre pommade
- 300 g de farine tout usage, tamisée

Ganache chocolat
- 180 g de crème liquide
- 120 g de chocolat noir
- 30 g de beurre doux

Glaçage chocolat
- 60 g d'eau
- 60 g de sucre en poudre
- 125 g de crème
- 240 g de chocolat noir

Décoration
- 100 g de chocolat noir
- 100 g de brisures de crêpes dentelle
- Éclats de pistaches

Recette pas à pas
Pâte sucrée
Dans le bol du mixeur, mettre l'œuf, la poudre d'amande, le sel, le sucre glace tamisé et le beurre pommade.

Mélanger avec le batteur plat pendant 5 minutes à vitesse lente.

Incorporer la farine tamisée et mixer jusqu'à l'obtention d'une pâte homogène.

Filmer et réserver au réfrigérateur pendant 1 heure.

Étaler la pâte au rouleau d'une épaisseur de 3 mm.

Détailler des cercles de 12 cm de diamètre.

Beurrer les moules à tartelette de 8 cm de diamètre et y placer les cercles de pâte.

Réserver au réfrigérateur pendant 30 minutes.

Préchauffer le four à 180 °C.

Cuire à 180 °C pendant 15 minutes.

Démouler les tartelettes une fois refroidies.

Ganache chocolat
Dans une casserole, porter la crème liquide à ébullition.

Dans un bol, verser la crème sur le chocolat coupé en petits morceaux. Ajouter le beurre froid.

Mélanger et verser dans des moules en forme de dôme. Réserver au congélateur pendant 1h30.

Glaçage chocolat
Dans une casserole, mettre l'eau et le sucre à bouillir.

Ajouter la crème et porter de nouveau à ébullition.

Dans un bol, verser le mélange sur le chocolat et mélanger à nouveau.

Réserver à température ambiante.

Décoration
Faire fondre le chocolat au bain marie.

Étaler à la spatule sur une plaque et parsemer les brisures de crêpes dentelles. Laisser refroidir.

Découper 48 triangles de 5 cm de côté.

Démouler les ganaches chocolat et les glacer.

Les placer sur les fonds de tartelettes.

Décorer avec les triangles de chocolat autour de la tarte et ajouter quelques éclats de pistaches et le restant de brisures de crêpes dentelle sur le dessus.

Ingredients (makes 8)

Sweet dough
- 1 egg
- ⅓ cup almond powder
- 1 tsp table salt
- 1 cup confectioners' sugar, sifted
- ¾ cup butter, softened
- 2⅓ cups all-purpose flour, sifted

Chocolate ganache
- ¾ cup whipping cream
- 5 oz dark, unsweetened chocolate
- 1 oz butter, cold

Chocolate icing
- ¼ cup water
- ¼ cup granulated sugar
- ½ cup heavy cream
- 1½ oz dark, unsweetened chocolate

Decoration
- 1 cup dark, unsweetened chocolate
- 1 cup crushed crêpe dentelle cookies
- Chopped pistachios

Step-by-Step Recipe

Sweet dough
In the mixer, combine the egg, almond powder, salt, powdered sugar, and softened butter.
Mix for 5 minutes at slow speed with the flat beater. Add the flour and mix until smooth.
Cover with plastic wrap and refrigerate for 1 hour.
Roll out the dough to a thickness of 3 mm.
Cut the dough into 5½-inch diameter circles.
Gently place each dough circle into the greased moulds.
Refrigerate for 30 minutes.
Preheat the oven to 350°F and bake for 15 minutes.
Remove from mould when cool.

Chocolate ganache
In a saucepan, bring the whipping cream to a boil.
In a bowl, pour the boiled cream over the chocolate cut into small pieces.
Add the cold butter.
Mix and pour the mixture into dome-shaped molds. Place in the freezer for one and a half hours.

Chocolate icing
Bring the water and sugar to a boil.
Add the heavy cream and bring back to a boil.
In a bowl, pour the mixture over the chocolate and mix well.
Let it rest at room temperature.

Decoration
Melt the chocolate in a double boiler.
With a spatula, spread the melted chocolate on parchment paper and sprinkle with the crushed crêpe dentelle cookies. Let it cool.
Cut 48 2-inch triangles.
Unmold the chocolate ganache domes and ice them.
Place them onto the tartlet shells.
Place the chocolate triangles around the tartlets and sprinkle with the chopped pistachios.

Tartelettes aux fruits rouges

Ingrédients (8 tartelettes)
Pâte sablé breton de Plougastel
- 80 g de sucre glace
- 90 g de beurre salé pommade
- 2 jaunes d'œufs
- 1 pincée de sel
- 120 g de farine tout usage, tamisée
- 6 g de levure chimique

Crème pâtissière
- 125 ml de lait entier
- 2 cs de vanille liquide
- 1 jaune d'œuf
- 30 g de sucre semoule
- 6 g de fécule de maïs
- 6 g de farine tout usage, tamisée

Gélatine
- 1 feuille de gélatine

Crème madame
- 150 ml de crème liquide

Assemblage
- 80 framboises
- 8 fraises
- 24 mûres
- 8 fleurs comestibles

Recette pas à pas
Sablé breton de Plougastel
Préchauffer le four à 175 °C. Dans le bol du mixeur, mettre le sucre glace, le beurre pommade, les jaunes d'œuf et le sel. Mélanger 5 minutes à vitesse moyenne a l'aide du batteur plat. Incorporer la farine et la levure chimique tamisées. Mixer jusqu'à obtenir une pâte homogène. Réserver au réfrigérateur pendant 1 heure. Étaler la pâte au rouleau d'une épaisseur de 6 mm. Détailler à l'aide des cercles à pâtisserie de 8 cm de diamètre. Réserver 30 minutes au réfrigérateur. Cuire dans les cercles à 175 °C pendant 20 minutes. Laisser refroidir avant de démouler.

Crème pâtissière
Dans une casserole, porter le lait et la vanille liquide à ébullition.
Dans un bol, fouetter le jaune d'œuf avec le sucre jusqu'à ce que le mélange blanchisse.
Ajouter la fécule de maïs et la farine tamisées.
Verser la moitié du lait vanille bouillant dans le bol en mélangeant délicatement.
Remettre le tout dans la casserole et porter à ébullition sans cesser de remuer.
Cuire pendant 1 minute à feu moyen.
Mettre 100 g de crème pâtissière de côté.
Verser les 200 g qui restent sur une plaque recouverte d'un film plastique et recouvrir d'un second film. Réserver au réfrigérateur 3 heures.

Gélatine
Faire tremper la feuille de gélatine dans de l'eau froide, puis essorer. La faire fondre au micro-onde pendant 15 secondes. Reprendre les 100 g de crème pâtissière chaude et la mélanger à la gélatine.

Crème madame
Sortir les 200 g de crème pâtissière du réfrigérateur et la fouetter. Ajouter la crème pâtissière gélifiée et rendre le mélange homogène.
Fouetter la crème liquide, puis l'incorporer délicatement à la crème pâtissière.

Assemblage
Disposer la crème madame sur les fonds de sablé breton de Plougastel à l'aide d'une poche à douille.
Mettre les framboises, fraises et mûres coupées en deux sur le dessus de la crème.
Décorer d'une fleur.

Ingredients (makes 8)

Shortbread dough
- ¾ cup confectioners' sugar
- ⅓ cup salted butter, softened
- 2 egg yolks
- 1 pinch of salt
- 1 cup all-purpose flour, sifted
- 1½ teaspoons baking powder, sifted

Pastry cream
- ½ cup whole milk
- 2 tablespoons vanilla extract
- 1 egg yolk
- 2½ tablespoons granulated sugar
- 2 teaspoons cornstarch, sifted
- 2 teaspoons flour, sifted

Gelatin
- 1 sheet of gelatin

Madame cream
- ⅔ cup whipping cream

Assembly
- 80 raspberries
- 8 strawberries
- 24 blackberries
- 8 edible pansies

Step-by-Step Recipe

Shortbread dough
Mix in a large mixing bowl the confectioners' sugar, softened butter, egg yolks and salt. Mix for 5 minutes at medium speed with a flat beater.
Add the flour and baking powder. Mix until smooth.
Refrigerate for 1 hour.
Roll out the dough to a thickness of 6 mm.
Cut the dough into 8 5½-inch diameter circles. Refrigerate for 30 minutes.
Preheat the oven to 345°F.
Bake for 20 minutes at 345°F.
Remove from mould when cool.

Pastry cream
In a saucepan, bring the milk and the vanilla extract to a boil.
In a bowl, whisk the egg yolk with the sugar until well blended and pale.
Add the cornstarch and flour.
Pour half of the boiling milk over the mixture and mix gently.
Pour back into the saucepan and bring to a boil, stirring continuously.
Cook for 1 minute on medium heat.
Set ⅓ cup of the pastry cream aside. Pour the remaining cream onto a baking tray lined with plastic wrap and cover with more plastic wrap.
Refrigerate for 3 hours.

Gelatin
Soak the sheet of gelatin in cold water and wring it out. Melt it in the microwave for 15 seconds.
Take ½ cup of hot pastry cream and mix it with the melted gelatin.

Madame cream
Whisk 1 ⅓ cup of pastry cream, add the gelled pastry cream and mix until smooth.
Whisk the whipping cream and delicately incorporate it into the pastry cream.

Assembly
Spread the Madame cream onto the shortbreads with a piping bag.
Arrange the raspberries, the strawberries and the blackberries cut in half on top of the cream.
Decorate each tartlet with a pansy.

Tartes Tatin

Ingrédients (6 tartes)
- Sablé breton de Plougastel
- 6 pommes Golden
- 150 g de sucre semoule
- 90 g de beurre doux
- 50 g de miel
- 20 ml d'eau

Recette pas à pas
Préparer la pâte à sablés (voir recette page 57) et l'étaler jusqu'à obtenir une épaisseur de 6 mm.
Découper 6 cercles de la taille des moules et mettre de côté.
Préchauffer le four à 200 °C.
Éplucher les pommes et les couper en quartiers.
Dans une poêle, faire cuire le sucre à feu doux avec le miel en remuant fréquemment jusqu'à obtenir un caramel.
Ajouter le beurre en petits morceaux et laisser fondre.
Mettre les quartiers de pommes dans le caramel et ajouter de l'eau pour déglacer.
Laisser cuire environ 15 minutes jusqu'à ce que les pommes soient cuites et caramélisées.
Laisser refroidir à température ambiante.
Beurrer les moules et garnissez-les de pommes.
Couvrir avec les sablés.
Cuire pendant 25 minutes dans le four à 200 °C.
Laisser refroidir avant de démouler.
Accompagner vos tartes Tatin d'une boule de glace vanille ou de crème Chantilly.

Ingredients (makes 6)
- Shortbread dough
- 6 Golden Delicious apples
- ¾ cup granulated sugar
- ¾ cup unsalted butter
- 2 tablespoons honey
- 4 teaspoons water

Step-by-Step Recipe
Prepare the shortbread dough (see recipe page 58) and roll it out to a thickness of 6 mm.
Cut into 6 circles the size of the tart moulds.
Preheat the oven to 390°F.
Peel the apples and cut them into quarters.
In a pan, cook the sugar over low heat with the honey to make a golden brown caramel. Stir frequently to avoid burning.
Add the butter cut into small pieces and let it melt.
Add the apples and cook for about 15 minutes until they are caramelized.
Allow to cool at room temperature.
Butter the molds and garnish them with apples.
Cover with the shortbread.
Bake for 25 minutes at 390°F.
Let cool before removing from mould.
Enjoy your tartes Tatin with vanilla ice cream or whipped cream.

Tartelettes au citron

Ingrédients (8 tartelettes)
- Sablé breton de Plougastel

Crème au citron
- 2 œufs entiers
- 4 jaunes d'œufs
- 110 g de sucre semoule
- 70 ml de jus de citron
- Zeste d'un citron jaune
- 140 g de beurre doux

Nappage
- 125 ml d'eau
- 135 g de sucre semoule
- 3 brins de menthe
- 1 citron coupé en quarts
- 10 g de pectine

Meringue Italienne
- 50 ml d'eau
- 120 g de sucre semoule
- 2 blancs d'œufs

Recette pas à pas
Préparer du sablé breton de Plougastel (voir recette page 57).

Crème au citron
Dans un casserole, mettre les œufs entiers, les jaunes d'œufs, le sucre et le jus de citron.
Ajouter le zeste de citron et mélanger le tout.
Porter à ébullition à feu moyen en remuant régulièrement.
Laisser refroidir à température ambiante.
Ajouter le beurre tempéré et mélanger.
Verser dans des moules en forme de dôme.
Réserver au congélateur pendant 2 heures.

Nappage
Dans une casserole, mettre l'eau, 125 g de sucre et la menthe, ainsi que le citron coupé en morceaux. Porter à ébullition.
Laisser infuser 15 minutes.
Mélanger la pectine avec les 10 g de sucre qui reste et verser dans la casserole.
Porter de nouveau à ébullition et laisser bouillir pendant 4 minutes.
Chinoiser et réserver dans un récipient.

Assemblage
Démouler les dômes de crème au citron et les déposer au centre des sablés.
Napper légèrement le dessus des dômes.
Réserver au réfrigérateur.

Meringue italienne
Dans une casserole, mettre l'eau et le sucre et les cuire à 120 °C jusqu'à obtenir un sirop.
Dans le bol du batteur, verser les blancs d'œufs et mixer à vitesse lente.
Augmenter la vitesse du batteur et verser délicatement le sirop sur les blancs montés.
Puis à la main, fouetter énergiquement jusqu'à refroidissement.
Remplir une poche à douille et décorer les tartelettes.

Ingredients (makes 8)
- Shortbread dough

Lemon cream
- 2 whole eggs
- 4 egg yolks
- ½ cup granulated sugar
- ⅓ cup lemon juice
- Zest of 1 lemon
- 10 tablespoons butter, softened

Glaze
- 2 cups water
- 1 cup granulated sugar
- 3 sprigs of mint
- 1 lemon, cut into quarters
- 3 tablespoons pectin

Italian meringue
- 10 teaspoons water
- ⅔ cup granulated sugar
- 2 egg whites

Step-by-Step Recipe
Prepare the shortbread dough (see recipe page 58).

Lemon cream
In a saucepan, mix the whole eggs, the egg yolks, the sugar, and the lemon juice. Add the lemon zest and mix.
Bring to a boil over medium heat, stirring regularly.
Allow to cool to room temperature.
Mix in the butter at room temperature.
Fill dome moulds with the mixture.
Freeze for 2 hours.

Glaze
In a saucepan, put the water, ¾ cup of sugar, and the mint, as well as the lemon cut into quarters.
Bring to a boil.
Let it infuse for 15 minutes.
In a bowl, mix the remaining sugar and the pectin and add to the saucepan.
Bring to a boil for 4 minutes.
Strain the mixture and set aside.

Assembly
Remove from moulds the lemon cream domes and place them at the center of the shortbread pastry.
Lightly glaze each dome.
Refrigerate.

Italian meringue
In a saucepan, combine water and sugar and cook at 240°F until the sugar has dissolved.
In a mixing bowl, beat the egg whites on slow speed.
Increase the speed of the mixer and slowly pour in the syrup.
Whisk on high until cooled.
Fill a pastry bag with the meringue and decorate the tartlets.

Éclairs au chocolat

Ingrédients (20 éclairs)
- Pâte à choux

Croquant
- 100 g de beurre
- 50 g sucre roux tassé
- 150 g de farine tout usage, tamisée

Crémeux chocolat
- 375 ml de lait entier
- 25 cl de crème liquide
- 5 jaunes d'œufs
- 100 g de sucre semoule
- 350 g de chocolat noir
- Glaçage chocolat

Décoration
- 20 barres de chocolat

Recette pas à pas

Croquant

Mixer le beurre, le sucre roux et la farine tamisée. Étaler entre 2 feuilles de papier cuisson avec un rouleau à patisserie jusqu'à une épaisseur de 2 mm. Réserver le tout au congélateur.

Assemblage

Préparer la pâte à choux (voir recette page 26) et la dresser a l'aide d'une poche a douille en forme d'éclairs de 14 cm de longueur et 2 cm de largeur. Découper des bandes de croquant congelé de la même dimension que vos éclairs et les disposer au-dessus.

Préchauffer le four à 180 °C.

Cuire 35 minutes à 180 °C.

Laisser refroidir au réfrigérateur.

Crémeux chocolat

Dans une casserole, mettre le lait et la crème à bouillir.

Dans un bol, blanchir les jaunes d'œufs et le sucre semoule et y ajouter la moitié du mélange de lait et détendre.

Remettre cette crème dans la casserole et cuire à la nappe jusqu'à atteindre 85 °C.

Chinoiser sur le chocolat coupé en morceaux et mélanger.

Filmer au contact et réserver au réfrigérateur jusqu'à refroidissement complet.

Assemblage final

Percer trois trous dans le dessous des éclairs.

Garnir les éclairs de crémeux chocolat à l'aide d'une poche à douille.

Préparer le glaçage chocolat (voir recette page 54). Glacer les éclairs en trempant le dessus dans le glaçage.

Décorer les éclairs avec les barres de chocolat.

Réserver au réfrigérateur jusqu'à dégustation.

Ingredients (makes 20)
- Choux pastry dough

Croquant
- ½ cup unsalted butter
- ⅓ cup packed brown sugar
- 1 cup all-purpose flour, sifted

Chocolate cream filling
- 1½ cups whole milk
- 1 cup whipping cream
- 5 egg yolks
- ½ cup granulated sugar
- 2 cups dark, unsweetened chocolate
- Chocolate icing

Decoration
- 20 chocolate barres

Step-by-Step Recipe

Croquant
Mix the butter, the brown sugar, and the flour. Roll out the mixture between 2 sheets of baking paper to a thickness of 2 mm.
Place in the freezer.

Assembly
Prepare the choux pastry (see recipe page 26) and pipe the dough into 5½-inch long and ¾-inch wide éclairs.
Cut the croquant into rectangles the same size as the éclairs, and place them on top of the éclairs.
Preheat the oven to 360°F.
Bake at 360°F for 35 minutes.

Chocolate cream filling
In a saucepan, bring the milk and the cream to a boil.
In a bowl, cream the egg yolks and the sugar.
Add half of the milk mixture and mix well.
Return cream back into the saucepan and cook, stirring continuously until it reaches a temperature of 185°F.
Slowly pour the cream onto the chocolate cut into pieces and mix until smooth.
Press plastic wrap against the surface of the cream to create an airtight seal and refrigerate until completely chilled.

Final assembly
Pierce three small holes on the bottom of the éclairs.
Using a pastry bag, fill the éclairs with the chocolate cream.
Prepare the chocolate icing (see recipe page 56).
Dip the top of the éclairs into the chocolate icing.
Decorate the éclairs with the chocolate barres.
Refrigerate until serving.

Fraisiers

Ingrédients (8 fraisiers)
- 500 g de fraises

Biscuit aux amandes
- 7 blancs d'œufs
- 125 g de sucre semoule
- 125 g de poudre d'amande
- 165 g de sucre glace
- 35 g de farine tout usage, tamisée

Crème mousseline vanille
- 50 cl de lait entier
- 250 g de sucre semoule
- 4 jaunes d'œufs
- 70 g de fécule de maïs
- 250 g de beurre doux
- 3 g de vanille en poudre
- 15 ml de liqueur de cerise

Sirop
- 5 cl d'eau
- 75 g de sucre semoule
- 30 ml de liqueur de cerise

Crème pâtissière
- 125 ml de lait entier
- 30 g de sucre semoule
- 1 jaune d'œuf
- 6 g de farine tout usage, tamisée
- 6 g de fécule de maïs
- 60 g de beurre doux à chaud
- 60 g de beurre doux à froid

Décoration
- 10 g de brisures de pistaches
- Sucre glace

Recette pas à pas
Biscuit aux amandes

Dans le bol du batteur, monter les blancs en neige avec le sucre semoule.

Tamiser la poudre d'amande, le sucre glace et la farine.

Incorporer délicatement ce mélange aux blancs d'œufs meringués à l'aide d'une spatule.

Dresser l'appareil sur papier cuisson à l'aide d'une poche à douille en cercle.

Préchauffer le four à 170 ºC.

Cuire à 170 ºC pendant 15 minutes.

Laisser refroidir.

Crème mousseline vanille

Préparer la crème pâtissière (voir recette page 57).

Prendre 250 g de crème pâtissière, 125 g de beurre tempéré et la liqueur de cerise.

Mettre dans un bol de batteur et foisonner le tout.

Sirop

Dans une casserole, mettre l'eau, le sucre et la liqueur de cerise et porter à ébullition.

Réserver au réfrigérateur.

Assemblage

Prendre un cercle de 8 cm de diamètre.

Déposer un fond de biscuit aux amandes et le mouiller avec le sirop.

Chemiser le contour de fraises coupées.

Garnir l'intérieur de crème mousseline vanille.

Insérer des morceaux de fraises dans le centre.

Recouvrir le haut du cercle avec un biscuit aux amandes.

Laisser reposer toute une nuit.

Décercler.

Décorer de brisures de pistaches et saupoudrer de sucre glace.

Déposer une fraise sur le dessus.

Ingredients (makes 8)

- 1 pound strawberries

Almond shortbread

- 7 egg whites
- ⅔ cup granulated sugar
- 1⅛ cup almond powder, sifted
- 1⅛ cup confectioners' sugar, sifted
- 1 cup all-purpose flour, sifted

Vanilla mousseline cream

- 2 cups milk
- 1¼ cups granulated sugar
- 4 egg yolks
- ½ cup and 2 tablespoons cornstarch
- 1 cup unsalted butter
- ½ teaspoon vanilla powder
- 1 tablespoon cherry brandy

Syrup

- 4 teaspoons water
- 6 tablespoons granulated sugar
- 1 shot glass of cherry brandy

Pastry cream

- ½ cup whole milk
- 2½ tablespoons granulated sugar
- 1 egg yolk
- 2 teaspoons all-purpose flour
- 2 teaspoons cornstarch
- 4 tablespoons slightly warm unsalted butter
- 4 tablespoons cold unsalted butter

Decoration

- 2 tablespoons chopped pistachios
- Confectioners' sugar

Step-by-Step Recipe

Almond shortbread

In a mixing bowl, mix the egg whites with sugar until stiff and glassy.
Sift the almond powder, confectioners' sugar and flour together and gently fold into the egg whites with a spatula.
Spread the shortbread evenly onto a sheet pan lined with parchment paper to a thickness of about 4 mm.
Preheat the oven to 340°F.
Bake at 340°F for 15 minutes.
Using a 3-inch cutter, cut out 16 biscuit circles.

Vanilla mousseline cream

Prepare the pastry cream (see recipe page 58).
In the mixer, combine 1⅓ cups of pastry cream, the cherry brandy and add ½ cup of room temperate butter. Mix until smooth.

Syrup

Bring the water, cherry brandy, and sugar to a boil.
Set aside in the refrigerator.

Assembly

In a 3-inch circle mold, lay an almond shortbread base and brush it with syrup.
Line the contours with strawberries cut in half.
Fill with vanilla mousseline cream and add pieces of strawberries in the center.
Cover with an almond shortbread.
Allow to set overnight.
Remove from the moulds and sprinkle with chopped pistachios and confectioners' sugar. Decorate with a strawberry.

Mille-feuilles

Ingrédients (8 mille-feuilles)
- Pâte feuilletée

Crème pâtissière
- 250 ml de lait entier
- 4 jaunes d'œufs
- 50 g de sucre semoule
- 12 g de fécule de maïs
- 12 g de farine tout usage, tamisée
- 10 ml de vanille liquide
- 4 feuilles de gélatine

Décoration
- Sucre glace

Recette pas à pas
Préparer la pâte feuilletée (voir recette page 37).
Préparer la crème patissière (voir recette page 57).

Assemblage
Découper 24 rectangles de pâte de 10 cm x 5 cm.
Remplir une poche à douille de crème pâtissière munie d'une douille unie.
Sur 8 des rectangles, dresser 12 boules de crème pâtissière.
Couvrir d'un deuxième rectangle et redresser de 12 boules de crème.
Déposer un troisième rectangle sur le dessus.
Saupoudrer de sucre glace.

Ingredients (makes 8)
- Puff pastry

Pastry cream
- 1 cup whole milk
- 4 egg yolks
- ¼ cup granulated sugar
- 4 teaspoons cornstarch, sifted
- 4 teaspoons all-purpose flour, sifted
- 1 vanilla pod
- 4 gelatin sheets

Decoration
- Confectioners' sugar

Step-by-Step Recipe
Prepare a puff pastry dough (see recipe page 38).
Prepare the pastry cream (see recipe page 58).

Assembly
Cut 24 4-by-2 inch rectangles of puff pastry.
Fill the pastry bag with the pastry cream.
On 8 of the rectangles, set 12 balls of pastry cream.
Cover with a second rectangle and add another 12 balls of pastry cream. Finish by covering with a third rectangle.
Sprinkle with confectioners' sugar.

Saint-honoré

Ingrédients (8 saint-honoré)
- Pâte feuillettée
- Pâte à choux
- Crème pâtissière

Caramel
- 60 ml d'eau
- 250 g de sucre semoule
- 25 g de glucose

Meringue italienne
- 100 ml d'eau
- 250 g de sucre semoule
- 4 blancs d'œufs

Crème légère
- 4 œufs
- 50 g de sucre semoule
- 25 g de poudre à crème
- 250 ml de lait entier
- 1 gousse de vanille
- 4 feuilles de gélatine
- 100 ml d'eau

Recette pas à pas

Pâte à choux et pâte feuilletée

Préparer la pâte à choux (voir recette page 26).
Préparer la pâte feuilletée (voir recette page 37).
Abaisser la pâte feuilletée à 2 mm d'épaisseur.
Détailler 8 ronds de pâte feuilletée de 8 cm de diamètre.
Dresser la pâte à choux sur tout le bord du rond de la pâte feuilletée.
Dresser 4 petits choux par saint-honoré sur une autre plaque à pâtisserie.
Préchauffer le four à 190 °C.
Cuire le tout à 190 °C pendant 25 minutes.

Caramel

Dans une casserole, mettre l'eau, le sucre et le glucose.
Cuire jusqu'à 160 °C pour réaliser le caramel.
Arrêter la cuisson en mettant la casserole dans un saladier d'eau froide.

Assemblage

Glacer les choux avec le caramel. Coller 3 choux sur la pâte feuilletée à l'aide du caramel. Réserver.

Meringue italienne

Dans une casserole, mettre à cuire l'eau et le sucre jusqu'à 120 °C.
Dans le bol du batteur, mixer à vitesse moyenne les 4 blancs d'œufs et verser le sucre dans les blancs mousseux.

Crème légère

Préparer une crème pâtissière (voir recette page 57).
Mettre la gélatine à tremper dans l'eau froide jusqu'à ramollissement.
Ajouter la gélatine essorée à la crème pâtissière chaude.
Incorporer délicatement en 3 fois la meringue italienne.

Assemblage final

Percer un trou sous le dessous de chaque choux.
Remplir chaque chou de crème pâtissière à l'aide d'une poche à douille unie.
À l'aide d'une poche à douille cannelée, dresser la crème légère au centre de chaque saint-honoré et y déposer un quatrième chou.

Ingredients (makes 8)
- Puff pastry dough
- Choux pastry dough
- Pastry cream

Caramel
- 1¼ cups granulated sugar
- 4 tablespoons water
- 1 tablespoon glucose

Italian Meringue
- ½ cup water
- 1¼ cups granulated sugar
- 4 egg whites

Light cream
- 1 cup of sugar
- 4 eggs
- 4 tablespoons sugar
- 2 tablespoons cornstarch
- 1 cup whole milk
- 1 vanilla pod
- 4 gelatin sheets
- ½ cup water

Step-by-Step Recipe

Puff pastry dough and choux pastry dough
Prepare the choux pastry dough (see recipe page 26).
Prepare the puff pastry dough (see recipe page 38).
Roll out the puff pastry dough to a thickness of 2mm.
Cut out 8 3-inch diameter circles.
Arrange the choux pastry dough around the edges of the circles.
Pipe 4 small puffs of choux on another tray.
Preheat the oven to 380°F.
Bake at 380°F for 25 minutes.

Caramel
In a saucepan, heat water, sugar, and glucose at 340°F to make the caramel.
Stop the cooking by putting the saucepan in a bowl of cold water.

Assembly
Glaze the puffs with the caramel.
Use caramel to stick 3 puffs on each puff pastry circle.
Set them aside.

Italian meringue
In a saucepan, heat the water and sugar until they reach a temperature of 240°F.
In the mixer, beat the egg whites at medium speed.
Pour the syrup down the side of the mixing bowl in a steady stream.

Light cream
Prepare the pastry cream (see recipe page 58).
Immerse the gelatin in cold water until soft.
Gently squeeze the excess water from the gelatin sheets.
Add the gelatin to the pastry cream.
Gently incorporate the Italian meringue into the pastry cream mixture a third at a time.

Final assembly
Pierce a hole on the bottom of each choux.
Using a pastry bag with a round tip, fill all puffs with the pastry cream.
Using another bag with a star tip, pipe the light cream at the center of each saint-honoré.
Top with a fourth puff.

Macarons

Ingrédients (8 macarons)
Meringue italienne
- 75 ml d'eau
- 160 g de sucre semoule
- 2 blancs d'œufs

Macarons
- 160 g de sucre glace
- 160 g de poudre d'amande
- 2 blancs d'œufs

Assemblage
- Crème madame
- 10 framboises
- Sucre glace
- 10 g de brisures de crêpes

Recette pas à pas
Meringue italienne
Mettre dans une casserole l'eau et le sucre et les cuire à 120 °C jusqu'à obtenir un sirop.
Dans le bol du batteur, verser les blancs d'œufs et mixer à vitesse lente. Augmenter la vitesse du batteur et verser délicatement le sirop sur les blancs montés. Continuer à fouetter jusqu'à refroidissement.

Macarons
Dans un bol, mélanger le sucre glace et la poudre d'amande tamisés.
Ajouter les blancs d'œufs.
Mélanger jusqu'à l'obtention d'une pâte homogène.
Incorporer la meringue italienne encore tiède en 3 fois tout en mélangeant délicatement.
Macaronner jusqu'à l'obtention d'une pâte lisse et brillante.
Remplir une poche à douille unie avec la pâte.
Dresser 16 coques de macarons de 5 cm de diamètre sur une plaque recouverte d'un papier cuisson.
Préchauffer le four à 145 °C.
Cuire à 145 °C pendant 25 minutes.
Laisser refroidir à température ambiante.

Assemblage
Préparer une crème madame (voir recette page 57).
Prendre une coque de macaron.
Garnir avec la crème madame l'intérieur sans toucher les bords.
Placer les framboises autour et au centre.
Recouvrir de crème madame.
Couvrir d'une seconde coque de macaron.
Parsemer de brisures de crêpe et de sucre glace.
Décorer d'une framboise.

Ingredients (makes 8)

Italian meringue
- ⅓ cup water
- ¾ cup granulated sugar
- 2 egg whites

Macarons
- 1⅔ cups confectioners' sugar, sifted
- 1¾ cups almond powder, sifted
- 2 egg whites

Assembly
- Madame cream
- 10 raspberries
- Confectioners' sugar
- 1 cup crushed crêpe dentelle cookies

Step-by-Step Recipe

Italian meringue
In a saucepan, heat water and sugar at 240°F to obtain a syrup.
In a mixer, slowly beat the egg whites. Increase the speed and carefully pour the syrup onto the eggs.

Macarons
In a bowl, mix the confectioners' sugar and almond powder together.
Add the egg whites.
Mix until smooth.
Stir in the warm Italian meringue, a third at a time.
Mix fast until you obtain a smooth, shiny paste.
Fill a pastry bag with a round tip and pipe 16 2-inch macaron shells onto a baking sheet lined with baking paper.
Preheat the oven to 360°F.
Bake at 290°F for 25 minutes.
Allow to cool.

Assembly
Prepare the Madame cream (see recipe page 58).
Add Madame cream on 8 of the macaron shells taking care not to touch the edges.
Place raspberries around and at the center of each shell.
Cover with more madam cream, followed by a second shell.
Sprinkle with crushed crêpes dentelle cookies.
Decorate with a raspberry.

Paris-brest

Ingrédients (8 paris-brest)
Choux pour paris-brest
- Pâte à choux
- 1 jaune d'œuf
- 125 g de noisettes entières
- 50 g d'amandes effilées

Crème mousseline pralinée
- 125 g de sucre semoule
- 200 g de beurre doux
- 125 g de noisettes torréfiées
- 200 g de pâte pralinée
- 400 g de crème pâtissière

Assemblage
- Sucre glace
- 100 g de noisettes

Recette pas à pas
Choux pour paris-brest
Préparer la pâte à choux (voir recette page 26).
Dresser la pâte à choux en 8 cercles de 8 cm de diamètre.
Dorer avec un jaune d'œuf à l'aide d'un pinceau et parsemer d'amandes effilées.
Préchauffer le four à 190 ºC.
Cuire à 190 °C pendant 30 minutes.
Laisser refroidir à température ambiante.
Torréfier les noisettes au four à 180 °C pendant 15 minutes.
Mettre de côté la moitié des noisettes torréfiées pour la décoration.

Crème mousseline pralinée
Dans une casserole, mettre le sucre à caraméliser.
Verser les noisettes torréfiées dans le caramel.
Débarrasser sur une plaque graissée.
Laisser refroidir à température ambiante.
Broyer l'ensemble au robot-coupe pour obtenir une pâte pralinée lisse.
Préparer la crème pâtissière (voir recette page 57).
Réserver au réfrigérateur.
Dans le bol du batteur, mettre le beurre et la pâte pralinée.
Incorporer la crème pâtissière et mixer le tout jusqu'a obtenir une crème homogène.

Assemblage
Couper les choux au ⅔ pour obtenir 8 bases (⅔ des choux) et 8 couvercles (⅓ des choux).
À l'aide d'une poche à douille cannelée, dresser en cercle la crème mousseline pralinée sur les bases.
Agrémenter de noisettes torréfiées.
Déposer le couvercle.
Saupoudrer de sucre glace.

Ingredients (makes 8)
- Choux pastry dough
- 1 egg yolk
- 1 cup hazelnuts
- ½ cup slivered almonds

Praliné mousseline cream
- ⅝ cup granulated sugar
- ½ cup unsalted butter
- 1 cup roasted hazelnuts
- 2 cups praline paste
- 2½ cups pastry cream

Decoration
- Confectioners' sugar
- 1 cup hazelnuts

Step-by-Step Recipe
Choux pastry dough
Prepare choux pastry dough (see recipe page 26).
Pipe 8 puffs 3 inches in diameter.
Glaze with egg wash and sprinkle with slivered almonds.
Preheat the oven to 380°F.
Bake at 380°F for 30 minutes.
Allow to cool.
Put almonds and hazelnuts on a baking sheet and bake at 360°F for 15 minutes.
Set aside half of the almonds and hazelnuts for decoration.

Praliné mousseline cream
In a saucepan, caramelize the sugar on low heat, stirring frequently to avoid burning.
Add the roasted almonds and hazelnuts to the caramel and pour onto a greased tray.
Let it cool to room temperature.
Put in a food processor and pulse until you obtain a paste.
Prepare 2 cups of pastry cream (see recipe page 58) and refrigerate.
In a mixer, mix butter and praline paste.
Add the pastry cream.

Assembly
Cut ⅓ off the top of each choux puff to obtain 8 bases and 8 lids.
Fill a pastry bag with praliné mousseline cream and pipe the cream onto the bases.
Add roasted hazelnuts and top with the choux pastry lids.
Sprinkle with confectioners' sugar.

GLOSSAIRE

À la nappe : Mettre à cuire tout en remuant à l'aide d'une spatule.
Abaisser : Rouler, étaler la pâte jusqu'à une épaisseur définie.

Bain-marie : Mode de cuisson qui consiste à placer un récipient dans un second récipient rempli d'eau en ébullition.
Beurre manié : Mélange de beurre et de farine.
Beurre noisette : Beurre qui commence à blondir, à prendre une coloration dorée.
Beurre pommade : Un beurre qui a été laissé à température ambiante et travaillé jusqu'à obtenir une consistance lisse.
Beurre tempéré : Un beurre qui a été laissé à température ambiante.
Beurrer : Mettre du beurre sur le moule pour éviter que ça colle.
Blanchir : Mélanger le sucre et les jaunes d'œufs rapidement.
Brisure de crêpes : Morceaux de crêpes dentelles.

Chemiser : Ranger de manière harmonieuse autour d'un gâteau.
Chinoiser : Passer un mélange dans une passoire.
Corne : ustensile de cuisine qui sert à racler les borts d'un plat.
Crème madame : crème pâtissière à laquelle on a incorporé de la crème fouettée.

Décuire : Baisser le degré de cuisson en ajoutant un ingrédient.
Déglacer : Verser de l'eau dans une poêle pour obtenir un jus.
Dessécher : Éliminer l'excédent d'eau en la faisant chauffer à feu doux.
Détendre : Rendre la pâte plus élastique en la travaillant avec un rouleau.
Dorer : À l'aide d'un pinceau, étaler un jaune d'œuf sur une pâte avant cuisson.
Douille : embout à installer au bout d'une poche à douille et qui sert à donner différentes formes à une garniture. Il existe différentes sortes de douilles.

Enfourner : Mettre à cuire dans le four.

Façonner : Prendre la pâte et lui donner une forme en la manipulant.
Feuille de robot : accessoire qui permet de realiser les pâtes.

Glacer : Napper une surface pour obtenir un aspect lisse et brillant.

Homogène : Répartir de façon uniforme.

Incorporer : Ajouter un ingrédient, puis mélanger pour avoir un mélange homogène.

Macaronner : Mélanger rapidement afin d'obtenir une pâte lisse et brillante.

Meringue italienne : Meringue préparée avec des blancs d'œufs cuits par du sirop.

Monter les blancs en neige : Fouetter les blancs d'œufs pour les rendre plus blancs et épais.

Pétrir : Détremper de la farine en ajoutant de l'eau ou du lait pour obtenir une pâte.

Poche à douille : ustensile pour décorer ou garnir les gâteaux.

Rabattre : Ramener la pâte sur elle-même.

Réserver : Mettre de côté, garder à température ambiante ou au réfrigérateur, selon les indications.

Sirop : Mélange de sucre et d'eau.

Torréfier : Faire griller un aliment.

Tourage : Pliage en trois ou en quatre d'un pâton, une masse de pâte levée, feuilletée, après l'avoir étalée.

AUTEURS
AUTHORS

Patrick Morin est un pâtissier et chocolatier reconnu avec 45 ans d'expérience, d'abord en France où il a débuté sa carrière en tant qu'entrepreneur. Il poursuit maintenant son rêve et sa carrière à Seattle, aux États-Unis d'Amérique.

Patrick Morin is a distinguished pastry chef and chocolate maker who has over 45 years of experience, first in France where he started his career as an entrepreneur. He is now pursuing his dreams of success and continuing his career in Seattle, in the United States of America.

Christine Morin s'est fait une place de choix dans cette aventure familiale. Elle est tout à la fois la muse de Patrick et l'âme des lieux. Par son énergie et son sourire, c'est elle qui donne véritablement vie à La Parisienne.

Christine has a special place in this family adventure. She is both Patrick's muse and the soul of the bakery. With her energy and her smile, she is the one who really brings La Parisienne to life.

En parallèle de ses études à l'université de Washington à Seattle, Élise Morin contribue avec ardeur au développement de l'activité professionnelle familiale en y mettant en pratique ses connaissances en management et en communication.

In addition to her studies at the University of Washington in Seattle, Élise Morin contributes with enthousiasm to the development of the family's professional activity by applying her knowledge of management and communication.

REMERCIEMENTS
ACKNOWLEDGEMENTS

Nous tenons, tout d'abord, à remercier Sylvie Joseph-Julien qui nous a accompagnés tout au long de cette aventure qu'a été l'écriture de ce livre de pâtisserie.
Nous remercions Laurent Rondeau, Erin Westmoreland et Corinne Préteur qui nous ont soutenus dans ce projet.
Merci, également, à Julie Limont pour les photos qui illustrent ce livre.
Ce livre, enfin, n'aurait sans doute jamais existé sans les professionnels qui nous ont aidés à la fois dans l'élaboration de ce livre et dans nos diverses aventures tout au long de notre parcours.
Merci à tous !

First of all, we would like to thank Sylvie Joseph-Julien who accompanied us throughout this adventure of writing of this pastry cookbook.
We thank Laurent Rondeau, Erin Westmoreland and Corinne Préteur who supported us in this project.
Thank you, also, to Julie Limont for the photographs that illustrate this book.
Finally, this book would probably never have existed without the professionals who helped us both in the development of this book and in our various adventures throughout our journey.
Thank you to all!

Made in the USA
Las Vegas, NV
20 December 2021

39013508R00055